I.N.R.I.
O CRUX AVE SPES UNICA!

A a b c d e f g h i
j k l m n o p q r s
u v x t y z. ff fi ffi fl ffl.

† A B C D E F G H
I J K L M N O P Q R
S T U V X Y Z.

a g d e b h c f n i s q u
l r j m y v p k o x z t.

Chiffres Arabes.

1 2 3 4 5 6 7 8 9 0.

Chiffres Romains.

I, II, III, IV, V, VI,
VII, VIII, IX, X, XX, XXX,
L, C, D, M.

Ba	be	bi	bo	bu.
Ca	ce	ci	co	cu.
Da	de	di	do	du.
Fa	fe	fi	fo	fu.
Ga	ge	gi	go	gu.
Ha	he	hi	ho	hu.
Ja	je	ji	jo	ju.
La	le	li	lo	lu.
Ma	me	mi	mo	mu.
Na	ne	ni	no	nu.
Pa	pe	pi	po	pu.
Qua	que	qui	quo	quu.
Ra	re	ri	ro	ru.
Sa	se	si	so	su.
Ta	te	ti	to	tu.
Va	ve	vi	vo	vu.
Xa	xe	xi	xo	xu.
Za	ze	zi	zo	zu.

Oraison Dominicale.

NOTRE Père qui êtes dans les cieux; que votre nom soit sanctifié; que votre règne arrive; que votre volonté soit faite en la terre comme au ciel; donnez-nous aujourd'hui notre pain quotidien, et pardonnez-nous nos offenses comme nous pardonnons à ceux qui nous ont offensés, et ne nous laissez point succomber à la tentation; mais délivrez-nous du mal. Ainsi soit-il.

La Salutation Angélique.

JE vous salue, Marie, pleine de grâce, le Seigneur est avec vous ; vous êtes bénie entre toutes les femmes, et Jésus le fruit de vos entrailles est béni.

Sainte Marie, Mère de Dieu, priez pour nous, pauvres pécheurs, maintenant et à l'heure de notre mort. Ainsi soit-il.

Le Symbole des Apôtres.

Je crois en Dieu le Père tout - puissant, créateur du ciel et de la terre, et en J.-C. son fils unique, notre Seigneur, qui a été conçu du Saint-Esprit, est né de la Vierge Marie, qui a souffert sous Ponce-Pilate, a été crucifié, est mort, et a été enseveli; est descendu aux enfers ; est ressuscité des morts le troisième jour; est monté aux cieux ; est assis à la droite de Dieu le Père tout-puissant, d'où il viendra juger les vivans et les morts. Je crois au S.ᵗ-Esprit, la sainte égli-se Catholique, la Com-munion des Saints, la rémission des péchés, la résurrection de la chair, la vie éternelle. Ainsi soit-il.

La confession des péchés.

JE me confesse à Dieu tout-puissant, à la bien-heureuse Marie tou-jours Vierge, au bien-heureux Saint Michel,

Archange, au bienheureux S.ᵗ Jean-Baptiste, aux Apôtres S.ᵗ Pierre et Saint Paul, à tous les Saints et à vous (mes frères), d'avoir beaucoup offensé Dieu, par pensées, par paroles et par actions. C'est par ma faute que je suis coupable de tant de péchés; oui, c'est par ma faute, et par ma très-grande faute. C'est pourquoi je prie la bienheureuse Marie toujours Vierge, le bienheureux St Michel, Archange, le bienheureux St Jean-Baptiste , les Apôtres Saint Pierre et Saint Paul, tous les Saints, et vous (mes frères), de prier pour moi le Seigneur notre Dieu.

Que Dieu tout-puissant ait pitié de nous, et qu'après nous avoir pardonné nos péchés , il daigne nous conduire à la vie éternelle. A. soit.

Bénédiction de la Table.

Bénissez. Que ce soit le Seigneur. Que la main de Jésus-Christ nous bénisse, et la nourriture que nous allons prendre. Ainsi soit-il.

Action de grâce après le repas.

Nous vous rendons grâce pour tous vos bienfaits, ô Dieu tout-puissant! qui vivez et régnez dans tous les siècles des siècles. A. soit.

LES SEPT PSAUMES

DE LA PÉNITENCE.

Ant. Seigneur, ne vous ressouvenez point.

Psaume 6.

Seigneur, ne me reprenez

point en votre fureur, et ne me corrigez point dans le fort de votre colère.

Seigneur, ayez pitié de moi, car je suis malade ; guérissez-moi, Seigneur, car mes os sont ébranlés.

Mon âme est aussi troublée ; mais jusqu'à quand, Seigneur, me délaisserez-vous ? Seigneur, retournez-vous vers moi, délivrez mon âme, sauvez-moi par votre miséricorde.

Car entre les morts, il ne sera fait aucune mention de vous, et aux enfers qui annoncera votre gloire.

J'ai travaillé en mon gémissement : toutes les nuits mon lit est baigné, et ma couche est arrosée de mes larmes.

Mes yeux sont troublés d'ennui ; j'ai blanchi entre tant d'ennemis.

Retirez-vous de moi, vous tous qui commettez l'iniquité; car le Seigneur a exaucé la voix de mes pleurs.

Le Seigneur a exaucé ma prière, le Seigneur a reçu mon oraison.

Que tous mes ennemis aient honte et soient grandement troublés, ils s'en iront et seront bientôt confus.

Gloire soit au Père, au Fils, et au Saint-Esprit.

Comme elle était au commencement, maintenant et toujours, par tous les siècles des siècles.

Ainsi soit-il.

Psaume 31.

HEUREUX sont ceux auxquels les iniquités sont remises, et desquels les péchés sont couverts.

Heureux est l'homme auquel le Seigneur n'impute point l'iniquité, et en l'esprit duquel il n'y a point de fraude.

Quand j'ai célé mon péché, mes os se sont affaiblis et vieillis à force de crier toujours.

D'autant que votre main était appesantie sur moi jour et nuit : toute mon humeur s'est tournée en une sécheresse d'été.

Enfin j'ai déclaré mon péché, et ne vous ai point caché mon iniquité.

J'ai dit : je confesserai contre moi mon iniquité au Seigneur, et incontinent vous m'avez remis l'impiété de mon crime.

Pour cela tout homme de bien vous suppliera en temps convenable.

Tellement qu'en un grand déluge, les eaux ne l'atteindront pas.

Vous êtes mon refuge contre la tribulation qui m'environne, délivrez-moi de ceux qui m'affligent, vous qui êtes ma joie.

Je vous donnerai entendement, et vous enseignerai la voie par laquelle vous cheminerez, et j'aurai toujours les yeux attachés sur vous.

Ne soyez pas comme le cheval et le mulet qui sont sans raison.

Vous leur serrez la mâchoire de mords et de brides, afin qu'ils ne puissent vous atteindre.

Les pécheurs seront frappés de plusieurs fléaux ; mais celui qui espère au Seigneur sera environné de miséricordes.

Réjouissez-vous au Seigneur, et tressaillez de joie, vous justes, et lui rendez gloire, vous qui avez le cœur droit.

Gloire soit, etc.

Psaume 37.

SEIGNEUR, ne me reprenez pas en votre courroux, et ne me châtiez point en votre colère.

Car vos flèches m'ont percé, et votre main s'est appesantie sur moi.

Il n'y a aucune santé en ma chair à cause de votre indignation, et de repos en mes os à raison de mes péchés.

Car mes iniquités ont surmonté ma tête, et comme un pesant fardeau se sont appesanties sur moi.

Mes ulcères sont pourris et corrompus par ma folie.

Je suis tout courbé et rabaissé, j'ai cheminé tout le jour le visage triste.

Car mes reins sont pleins d'ardeur, il n'y a aucune partie de mon corps qui soit saine.

Je suis affligé et humilié jusqu'au bout, j'ai crié et gémi de tout mon cœur.

Seigneur, tous mes soupirs ne vous sont point cachés.

Mon cœur est troublé, ma vertu m'a délaissé, et la clarté de mes yeux n'est plus en moi.

Mes amis et mes proches se sont éloignés de moi.

Et mes voisins s'éloignent de moi, et ceux qui tentent à ma vie me dressent des embûches.

Ils me souhaitent du mal , et tiennent de mauvais propos contre moi , machinant toujours des tromperies contre moi.

Je n'entends rien de tout cela non plus qu'un sourd, et je suis comme un muet qui n'ouvre point la bouche.

Je suis devenu comme un homme qui n'entend rien , et qui n'a point de répliques en sa bouche.

Car je m'attends à vous , Seigneur , vous m'exaucerez , mon Seigneur et mon Dieu.

Je vous ai prié que mes ennemis ne se réjouissent point de moi, parce qu'aussitôt que mon pied bronche , ils s'élèvent contre moi.

Car je suis toujours disposé à avoir du mal, et la douleur est continuellement présente à mes yeux.

Je ne dissimule point mon iniquité , et je ne suis en émotion que pour mon péché.

Cependant mes ennemis vivent et se fortifient , et ceux qui me haïssent s'accroissent.

Ceux qui me rendent le mal

pour le bien sont mes adversaires : parce que je suis doux et débonnaire.

Seigneur mon Dieu, ne me laissez point, et ne vous séparez point de moi.

Hâtez-vous de venir à mon aide, mon Seigneur mon Dieu, qui êtes mon salut.

Gloire soit, etc.

Psaume 50.

O Dieu ! ayez pitié de moi, selon votre grande miséricorde.

Et selon la grandeur de votre miséricorde, effacez mes iniquités.

Lavez-moi de plus en plus de mon forfait : et me nettoyez de mon péché.

Car je connais mon iniquité, et mon péché est toujours présent à mes yeux.

est un esprit humble : ô Dieu, vous ne méprisez pas un cœur contrit et humilié.

Faites bien par votre bonté à Sion et édifiez les murs de Jérusalem.

Alors vous agréerez les sacrifices d'oblations et les holocaustes, selon la justice de votre loi, alors on offrira des veaux sur vos autels.

Psaume 101.

Seigneur, exaucez ma prière, et que ma voix s'élève jusqu'à vous.

Ne détournez pas vos yeux de moi ; mais prêtez l'oreille à ma prière, quand je serai accablé de tristesse.

Accordez-moi ma demande, dès-lors que je vous invoquerai.

Car mes jours sont passés comme la fumée, et mes os sont devenus secs comme un foyer.

Mon cœur est devenu sec comme le foin qui est abattu et remué ; car je n'ai pas eu soin de prendre ma nourriture.

Mes os tiennent à ma chair par mes continuels gémissemens.

Je suis devenu comme le pélican qui cherche la solitude, et comme le hibou qui se tient en des lieux écartés.

J'ai veillé, et je me suis trouvé semblable au passereau solitaire sous un toit

Tous mes ennemis me faisaient des reproches chaque jour : et ceux qui triomphaient de moi, faisaient contre moi des malédictions exécrables.

C'est pourquoi j'ai mangé mon pain comme la cendre, et mon breuvage a été mêlé de mes larmes.

Devant la face de votre courroux et indignation ; car m'étant élevé vous m'avez renversé.

Mes jours se sont écoulés comme l'ombre qui décline le soir, et je suis devenu sec comme le foin.

FIN.

Typ. de LAGUERRE-NÈVE aîné, Imp. et Lith., rue Rousseau, 32, à Bar-le-Duc.